100 tolle Ideen für Ostern

Marlies Busch

Ravensburger Buchverlag

Bibliografische Information der Deutschen Nationalbibliothek:

Die Deutsche Nationalbibliothek verzeichnet diese Publikation in der Deutschen Nationalbibliografie. Detaillierte bibliografische Daten sind im Internet über *http://dnb.d-nb.de* abrufbar.

Alle im Buch vorkommenden Geschichten, Gedichte und Lieder sind, soweit nicht anders angegeben, Volksgut.

4 3 2 1 14 13 12 11

Otto Maier GmbH
Postfach 1860
88188 Ravensburg

Fotos: Hans Seidenabel
Illustrationen: Hermien Stellmacher
Vorlagen: Bärbel S. Meder
Printed in Germany

ISBN 978-3-473-55658-8

www.ravensburger.de

Basteln

Ostergrußkarten 6
Frühlingsmotive 8
Vase und Rieseneier 10
Osterfenster 12
Fenstergirlande 14
Osterstecken 16
Zootiere 18
Kräuter und Ostergras 20
Kräutergestecke 22
Eier in Naturfarben 24
Vasen aus Eierschalen 26
Eierdorf 28
Schmucke Kerzen 30
Osterbaum 32
Heuhase mit Kiepe 34
Tierische Eierbecher 36
Nester aus der Natur 38
Blumennester 40
Eierschalenmosaik 42
Ostercollage 44
Ostersprüche 46

Spielen

Palmkätzchenpusten 48
Was steckt dahinter? 48
Der kleine Osterhase 49
Fingerspiel 50
Der Osterhase 51
Eierlauf 52

Eierbutzen 52
Münzen werfen 52
Zielscheibe 53
Lichter setzen 53
Osterreime und -gedichte 54

Kochen und backen

Kräuteromelett 56
Pellkartoffeln
mit grüner Soße 56
Kräutersuppe 57
Gebildebrot
und Kreuzbrot 58
Osterhasen 59
Ostertorte 60
Königliche Eier 61
Kekskühen 62

Brauchtum

Wieso Palmsonntag? 64
Wer wird Palmesel? 65
Palmbuschen 65
Warum Gründonnerstag? 66
Stumme Glocken 66
Besondere Eier 67
Warum stiller Freitag? 68
Der Schlehdornstrauch 68

Warum die Trauerweide
so traurig ist 69
Osterfeuer 70
Osterwasser 71
Eierboten 71
Osterfest 72
Wann ist Ostern? 72
Ostara 72
Das Oster-ABC 73

Vorlagen 74
Register 80

Basteln

Ostergruß-karten

- Aus der Wellpappe wird ein Rechteck in doppeltem Postkartenformat zugeschnitten. Die Rillen der Wellpappe sollen dabei in Längsrichtung verlaufen.

- Anschließend schneidet man mit dem Schneidemesser ein großes Fenster in das Deckblatt der Karte. Von innen wird ein Stück Hasengitter dagegengeklebt. Je nach Belieben kann man das Fenster auch mit einem zweiten Rahmen verzieren.

- Die rechte Innenseite der Karte wird nun mit aufgeklebtem Stroh und unterschiedlich großen Ostereiern aus farbiger Wellpappe gestaltet.

• Das Küken fertigt man aus zwei gelben Watteбällchen an. Die Augen bestehen aus schwarzen Locherpunkten, der dreieckige Schnabel aus orangefarbener Wellpappe.

• Der Hase wird aus zwei weißen Watteбällchen hergestellt. Die Augen bestehen ebenfalls aus schwarzen Locherpunkten. Zusätzlich hält der Hase ein Osterei aus Wellpappe in den Pfoten.

Wellpappe in Gelb, Türkis, Rot und Orange • Hasengitter • Stroh • Watte in Weiß und Gelb • Tonpapier in Weiß, Orange und Schwarz • farbige Wellpappereste • Klebstoff • Locher • Drahtschere • Schneidemesser • Bleistift • Lineal

Frühlingsmotive

• Die Tulpe und den Schmetterling überträgt man von Seite 74 auf weißes Papier. Diese Schablonen können für mehrere Motive verwendet werden. Die Tulpen werden aus Fotokarton gefertigt und die Schmetterlinge aus Tonpapier im Faltschnitt gearbeitet. Dazu werden sie in der Mitte zusammengefaltet und dann ausgeschnitten.

• Bevor man die Flügel mit einem Locher oder einer Nadel locht, werden die Schmetterlinge an der gekennzeichneten Stelle nochmals in die andere Richtung gefaltet. Zum Aufhängen befestigt man in der Mitte des Körpers einen Faden oder man fixiert die Schmetterlinge mit etwas Klebewachs an den Tulpen.

• Die Tulpen und die Blätter werden zweimal, der Stängel nur einmal zugeschnitten. Die Blätter werden noch einmal in der Mitte gefaltet und dann an den Stängel geklebt.

• Den einen Teil der Tulpenblüte fixiert man mit Klebstoff an dem Stängel, den anderen Teil steckt man in die befestigte Blüte. Damit man die Blumen aufhängen kann, wird an der festgeklebten Tulpenblüte ein Faden angebracht.

Fotokarton in Rot, Pink, Blau und Grün • Tonpapier in Orange, Lila und Türkis • weißes Papier • Schere • Schneidemesser • Klebstoff • Locher • Bleistift • durchsichtiger Faden • Klebewachs

Vase und Rieseneier

• Je nachdem, wie groß die Eier oder die Vase anschließend werden sollen, können die Luftballons aufgeblasen werden. Die Arbeitsfläche wird mit einer Folie abgedeckt und der Tapetenkleister entsprechend der Gebrauchsanweisung angerührt.

• Während der Kleister quillt, reißt man das Papier in ca. 5 cm große quadratische Stücke. Je kleiner der aufgeblasene Luftballon ist, desto kleiner sollten auch die Papierstücke sein. Damit die großen Eier nicht wegrollen, werden sie am besten mit etwas Kleister auf einen Holzring gesetzt.

• Die ersten beiden Schichten bestehen aus farbigem Papier. Wenn das Ei aufgeschnitten wird, ist somit auch die Innenseite farbig. Die Papierschnipsel werden mit Kleister bestrichen und schichtweise auf den Ballon gelegt. Die nächsten acht bis zwölf Lagen – je nach Größe des Eis – werden mit Zeitungs- oder Packpapier geklebt. Die letzten beiden Schichten bestehen wieder aus farbigem Papier.

Ovale Luftballons in unterschiedlicher Größe • Zeitungs- oder Packpapier • Tapetenkleister • Pinsel • Japanpapier in Gelb, Rot, Türkis und Blau • für die großen Eier 2 Holzreifen, je 10 cm Ø • Schneidemesser • Abdeckfolie oder Plastiktüten • Bleistift

• Anschließend legt man das Ei zum Trocknen drei bis vier Tage lang an einen sicheren Ort. Steht das Objekt in der Nähe einer Heizung, trocknet es zwar schneller, allerdings kann es leicht passieren, dass sich dabei die Form verzieht.

- Nach dem Trocknen wird das Ei mit einem Schneidemesser in der Mitte aufgeschnitten. Für die Vase zeichnet man die Umrisse eines aufgeschlagenen Eis auf die obere Eihälfte und schneidet sie aus. Die Schnittkanten werden mit farbigen Papierschnipseln umklebt.

- Um das Ei wieder schließen zu können, wird ein farbiger Papierstreifen so in die untere Eihälfte geklebt, dass er 1 cm über den Rand hinausragt. Zum Schluss können die Objekte in beliebiger Anordnung mit Rauten, Kreisen, Punkten und Streifen verziert werden.

Osterfenster

• Zuerst deckt man den Boden oder das Fensterbrett mit einer Folie oder mit Zeitungspapier gut ab. Dann werden die verschiedenen Ostermotive in der gewünschten Größe mit einem Bleistift auf ein Blatt Papier gezeichnet und ausgeschnitten.

• Mit Klebestreifen werden die Hasen, die Eierbecher und das Ei sowie die Schmetterlinge am Fenster befestigt. Nachdem man die Konturen der Figuren mit Kreide nachgezeichnet hat, nimmt man die Vorlagen wieder ab.

• Anschließend werden die Motive mit Fingerfarben ausgemalt. Die Gesichter trägt man erst auf, wenn die Farbe getrocknet ist. Das Gras wird mit einem Pinsel in verschiedenen Grüntönen aufgemalt, die man in der Mischpalette zusammenstellen kann.

Fingerfarben in Gelb, Rot, Blau, Dunkel- und Hellgrün, Braun, Schwarz und Weiß
• dicke und dünne Pinsel
• Mischpalette (z. B. Plastikeinsatz von einer beliebig großen Pralinenschachtel)
• Abdeckfolie oder Zeitungspapier als Unterlage
• Kreide • Bleistift • Papier • Schere
• Klebestreifen

Fenster-girlande

• Zuerst überträgt man den Hasen von Seite 76 auf braunes Tonpapier und faltet ihn beliebig oft wie eine Ziehharmonika. Die Zeichnung sollte dabei immer zu sehen sein. Dann schneidet man den Hasen entlang den durchgezogenen Linien aus. Die gestrichelten Linien stellen die Verbindung zwischen den einzelnen Figuren der Girlande dar. Genauso verfährt man mit den anderen Objekten.

• Anschließend werden die farbigen Kleidungsstücke und die roten Kämme in dem passenden Tonpapier ausgeschnitten und auf die entsprechende Figur aufgeklebt. Die bunten Eier fixiert man mit Klebstoff an den Kiepen.

- Mit einem schwarzen Filzstift werden den Tieren die Gesichter und die Konturen aufgemalt.

- Nun werden die Küken einzeln ausgeschnitten und auf der Rückseite der Eierschalen mit Klebstoff befestigt. Zum Schluss trägt man die Konturen der Eierschalen mit einem schwarzen Stift auf.

Tonpapier in Weiß, Gelb, Rot, Pink, Hellblau, Grün, Braun und Orange • Filzstift in Schwarz • Klebstoff • Bleistift • Schere

Osterstecken

• Die gewünschten Motive überträgt man von Seite 77 auf das Spanholz. Für den großen Hasen vergrößert man die Vorlage von Seite 77 auf 400 Prozent.

• Anschließend werden die Motive mit der Laubsäge langsam und ohne Druck ausgesägt. Wenn man die Figuren in einen Schraubstock spannen kann und zusammengefaltetes Papier als Puffer dazwischenlegt, wird das Holz nicht beschädigt. Die Kanten glättet man mit feinem Schleifpapier.

• Die Augen bohrt man an den gekennzeichneten Stellen nur an. Für die Befestigung der Ohren wird dem großen Hasen ein Loch an der dafür markierten Stelle gebohrt.

• Die Holzstöckchen werden mit Holzleim an den kleinen Motiven befestigt. Nachdem die Holzteile getrocknet sind, können sie bemalt werden.

Für ein kleines Motiv: je 1 Spanholzplatte, 12 cm^2 und 7 mm stark • für den großen Hasen: 1 Spanholzplatte, 48 cm^2 und 8 mm stark • Acrylfarben in Gelb, Orange, Rot, Lila und Blau • Pinsel • Laubsäge • feines Schleifpapier • Bleistift • Handbohrer

Für den großen Hasen: 1 Schraube, 4 mm Ø und 3 cm lang, und 1 Mutter • Holzspieße • Holzleim

• Zum Schluss werden dem großen Hasen noch seine beweglichen Ohren angeschraubt.

Zootiere

• Für das Krokodil, den Raben, die Schildkröte und den Löwen wird je ein ausgeblasenes Ei benötigt, für die Maus eine halbe Eierschale und für die Raupe vier halbe Eierschalen. Wenn die gut ausgewaschenen Eier getrocknet sind, kann man sie mit den entsprechenden Farben bunt bemalen.

• Nun werden die gewünschten Motive von Seite 78 auf Tonpapier übertragen und zugeschnitten. Mit einer Zackenschere erhält man sowohl die Zähne als auch die Zacken im Krokodilschwanz. Wenn die Farbe auf den Eiern getrocknet ist, können die zugeschnittenen Teile mit einem Klebestift an den bunten Eiern befestigt werden.

• Für die Füße fertigt man in der Größe eines Eineurostückes je zwei Kreise in dem passenden Tonpapier an. Anschließend werden die Kreise so aufeinandergeklebt, dass sie etwa zur Hälfte überlappen. Die Maus, die Schildkröte und der Löwe erhalten je vier Füße, der Rabe und die Raupe nur zwei Kreise als Füße.

Tonpapier in Weiß, Gelb, Orange, Hellblau, Hellgrün, Grasgrün und Braun • Pinsel • braune Plaka-Farbe • schwarzer Filzstift • Schere • Locher • Bleistift • ausgeblasene Eier • Klebstoff • Zackenschere

• Für die Augen der Raupe schneidet man zwei weiße Kreise zu, für die des Raben wird ein Oval ausgeschnitten und in der Mitte geteilt. Als Pupille erhalten alle Tiere schwarze Locherpunkte.

• Der Schildkröte, dem Löwen, dem Krokodil und der Raupe wird jeweils mit einem

schwarzen Filzstift die Mundpartie aufgemalt. Mit brauner Plaka-Farbe zeichnet man der Schildkröte die Muster eines Panzers auf den Rücken.

- In die Eierschalen der Maus und der Raupe kann man etwas Kresse oder kleine Blümchen setzen.

Kräuter und Ostergras

• Der Blumenkasten wird sowohl von innen als auch von außen hellgrün lasiert. Nachdem die hellgrüne Farbe getrocknet ist, zeichnet man mit einem Bleistift rund um den Blumenkasten drei Reihen mit Karos auf.

• In Blau werden die Karos nachgemalt. Wenn die Farbe getrocknet ist, werden neben die blauen Karos gelbe gesetzt.

• Für die Kräuterstecken schneidet man je zwei Papierstreifen, 40 cm x 2 cm, in unterschiedlichen Farben zu und faltet daraus eine Hexentreppe. Die beiden Hexentreppen werden fächerförmig zu einer Blume angeordnet. Die Holzspieße werden mit grüner Plaka-Farbe gestrichen.

• Nun schneidet man einen Kreis von ca. 5 cm Durchmesser aus Tonpapier zu und beschriftet ihn mit dem Namen der Kräuter. Den kreis klebt man auf die Blume. Dann wird die Blume mit Klebestreifen an einem Holzspieß befestigt und zu den Kräutern in den Blumenkasten gesteckt.

Ostergras säen

• Die Grassamen lässt man zwei Tage lang in lauwarmem Wasser an einem warmen Ort vorkeimen. So erreichen sie bis Ostern eine stattliche Größe.

• Die kleine Sperrholzkiste wird sowohl von innen als auch von außen blau angestrichen. Wenn die Farbe getrocknet ist, legt man den Boden der Kiste mit Zeitungspapier aus und füllt sie zu ca. drei Viertel mit Blumenerde.

- Anschließend sät man die schon vorgekeimten Samen in die Sperrholzkiste und streut noch etwas Erde darüber.

- Am Ostersonntag ist das Gras dann so hoch gewachsen, dass der Osterhase seine Eier darin verstecken kann.

Für den Kräuterkasten: Blumenkasten aus Holz • Lasurfarbe in Hellgrün • Acrylfarben in Gelb und Blau • Pinsel • Blumenerde • verschiedene Kräuter • Bleistift • Tonpapier in Orange, Rot, Lila, Hell- und Dunkelblau • Schere • Holzspieße • Plaka-Farbe in Grün • Klebestreifen • Klebstoff

Für das Ostergras: Sperrholzkiste (z. B. für Obst) • Acrylfarbe in Blau • Grassamen • Glasschüssel • Pinsel • Blumenerde • Zeitungspapier

Kräuter-gestecke

Zunächst werden die Eier ausgeblasen und bemalt. Nachdem die Farbe getrocknet ist, werden sie mit einem Goldstift verziert.

Eierkranz

Für den Eierkranz werden acht Eier auf einen Biegedraht gezogen. Zwischen jedes Ei setzt man eine pinkfarbene Perle. Der Kranz wird geschlossen, indem man die Drahtenden miteinander verschlingt.

Kräuterstrauß

Basilikum und Schnittlauch werden mit einem Stück Draht zu einem Strauß gebunden. Als Dekoration verwendet man ein Ei.

Dieses setzt man auf einen Holzspieß, fixiert es oben mit einer Perle und steckt es in die Mitte des Straußes.

Kräuterkranz

- Für den Kräuterkranz fertigt man zuerst einen Kranz aus Alufolie an, der oben geöffnet ist. Diesen legt man auf einen Teller und füllt ihn mit Blumenerde. In die Erde sät man die Kressesamen.

- Dann bindet man mit einem Faden jeweils drei bis vier Dillstängel zu einem kleinen Strauß zusammen und steckt diesen in einen angefeuchteten Steckschwamm. Der Schwamm wird in regelmäßigen Abständen in dem Ring platziert.

- Zum Schluss werden fünf orientalische Eier auf je einen Holzspieß gesteckt, oben mit je einer Perle fixiert und in den Kräuterkranz gesteckt. Die Gänseeier drapiert man nach Belieben um das Arrangement.

14 Hühner- und 3 Gänseeier • Acrylfarben in Pink, Lila, Königsblau, Türkis • 14 Holzperlen in Pink, 0,7 cm Ø • Goldstift • 6 Holzspieße • Biegedraht • Zange • Teller, 30 cm Ø • Alufolie • Blumenerde • Kressesamen • Steckschwamm • je 1 Bund Basilikum, Dill und Schnittlauch • Faden

Eier in Naturfarben

Färben

Die hart gekochten Eier werden in einem heißen Sud gefärbt. Dazu brüht man wie bei Tee frische oder getrocknete Kräuter mit 1 l heißem Wasser auf. Rindenstücke, Hölzer oder Fruchthüllen werden zuerst eingeweicht oder mit dem Mörser zerstoßen und dann so lange gekocht, bis sie Farbe abgeben und durch ein Sieb gestrichen werden können. Ausgeblasene Eier lassen sich ebenfalls färben. Sie werden so lange in den Sud getaucht, bis sie sich mit Wasser gefüllt haben. Wenn der gewünschte Farbton erreicht ist, hebt man die Eier heraus und lässt die Flüssigkeit wieder herauslaufen.

Weiße und braune Eier • Zitrone • Mörser • Zahnstocher • alter Kochtopf • Salz • Zeitungen als Unterlage • Essig • Sieb • Färbegefäße • Kamille (nicht aus dem Teebeutel) • Mateblätter • Zwiebelschalen • Schachtelhalme • Reseda • Ringelblumenblüten • Walnüsse • Krappwurzel • Cochenille-Läuse • Rotholz (Rottöne) • Blauholz • Johanniskraut • Gelbwurz

Verzieren

Muster, Sprüche und Ornamente werden mit einem in Zitronensaft getauchten Zahnstocher in die Eier geätzt.

Farben

Alle Maßangaben sind für 1 l Wasser berechnet.

Mit bestimmten Kräutern erhält man folgende Farben:

Gelb: Gelbwurz, Kamille, Mateblätter, Ringelblumenblüten, Zwiebelschalen
Braun: Ringelblumenblüten, Walnuss
Grün: Schachtelhalme, Reseda
Rot: Rotholz, Krappwurzel, Cochenille-Läuse
Violett: Blauholz

Gelb: Mit 5 EL Kamille erhält man je nach Färbedauer ein Hell- oder Dunkelgelb, bei braunen Eiern einen schönen, warmen Goldton.

1 EL Gelbwurz genügt, um warme Gelb- und Orangetöne zu erzielen. Gelbwurz lässt sich gut mit allen Zutaten mischen, die Rottöne hervorbringen.

Eine Handvoll Zwiebelschalen ergibt, wenn man die Eier nur kurz eintaucht, einen honiggelben bis goldgelben Ton. Lässt man die Eier längere Zeit in dem Sud

werden sie goldbraun. Die Schalen eignen sich auch als Zugabe zu Krappwurzeln oder Holundersaft.
Wunderschöne Farbtöne von Gelb bis Braun erhält man mit vier Handvoll Ringelblumenblüten.
Lässt man 4 EL Mateblätter zehn Minuten lang in 1 l Wasser kochen, erhält man einen hellgelben, leicht grünstichigen Farbton. Erst wenn der Sud kalt ist, färbt sich der Mate grün.
Grün: Eine Handvoll Schachtelhalm genügt für einen gelbgrünen Ton. Mit 6 EL Reseda bekommt man grüne Eier. Lässt man die Eier jedoch nur kurz in dem Sud, färben sie sich hellgelb.
Braun: Die Walnussschalen oder die Rindenstücke zerstößt man mit einem Mörser. Mit 1 EL erzielt man je nach Färbedauer unterschiedliche Braunschattierungen.
Rot: Krappwurzeln erhält man geschnitten oder gemahlen. Je nachdem, wie viele man in den Sud gibt, erzielt man Farbtöne von Rosa über Rot bis Rotbraun. Man kann sie auch gut mit Zwiebelschalen, Walnüssen oder Kamille mischen.
Von den Cochenille-Läusen reichen 2,5 g für Farben von Zartrosa bis Pink. Die getrockneten Läuse sollten vorab mit einem Mörser zerstoßen werden.
Braune Eier werden in dem Sud rotbraun. Mischt man etwas Blauholz unter, färben sie sich violett.
Je mehr Rotholz man in den Sud gibt, desto intensiver erscheint das Rot. Die Färbedauer beeinflusst hier die Farbe kaum.
Die Farbpalette reicht von einem zarten Rosa bis zum intensiven Rosenholzton. Wenn man Rotholz mit Krappwurzeln mischt, erhält man weitere Rottöne.
Violett: Mit 3 EL Blauholz erzielt man ein kräftiges Violett. Blauholz lässt sich gut mit Cochenille-Läusen und Schalen von Zwiebeln mischen.
Grau: In den Bereich der Grautöne gelangt man mit 3 EL Johanniskraut.

Vasen aus Eierschalen

• Bei der Gestaltung der Vasen sind mehrere Variationen möglich. Sehr schön sieht eine Eierschale aus, die auf einem Holzrad oder einem umgedrehten Türknauf aufgeklebt wird.

• Wenn man dazwischen eine Holzperle befestigt oder drei Holzperlen als Füße an die Unterseite des Eis klebt, erhält man ganz individuelle Vasen.

• Ebenso können einige Perlen auf einen Draht gezogen werden, den man zu einem Ring schließt und als Ständer unter eine Eierschale klebt.

• Man bemalt einen Türknauf, eine Holzperle, eine Astlochscheibe sowie eine Eierschale in verschiedenen Farben und setzt sie in der gleichen Reihenfolge mit Klebstoff zusammen.

• Wenn der Klebstoff getrocknet ist, können die bisher noch nicht bemalten Vasen beliebig farbig gestaltet werden.

• Zum Schluss wird das untere Loch der Eier mit etwas Farbe so verschlossen, dass kein Wasser mehr auslaufen kann.

Halbe oder drei viertel große Eierschalen • Holzperlen, 0,7 cm Ø, in Gelb, Pink und Grün • Draht • Zange • Holzleim • Acrylfarben in Gelb, Orange, Pink, Lila, Blau und Hellgrün • Holzräder, 3,5 cm Ø • Türknauf, 4,5 cm Ø • Klebstoff • Astlochscheiben, 2 cm bis 3 cm Ø, aus dem Baumarkt • Pinsel

Eierdorf

• Um den Stempel anzufertigen, wird zuerst aus einer Kartoffel eine etwa 1 cm lange und 0,5 cm breite Form herausgeschnitten.

• Mit einem Bleistift zeichnet man danach die Konturen von Fenster und Türen auf den Eiern an. Die roten Ziegel trägt man mit dem Kartoffelstempel auf. Bei den Rundbogenfenstern werden die Ziegel strahlenförmig verteilt. Die Zwischenräume können mit den Kanten der Kartoffeln gestempelt werden.

• Die Konturen der Fenster und der Türen werden mit grauer Farbe nachgefahren. Wenn die Farbe getrocknet ist, kann man die Fenster hellblau ausfüllen oder hübsche kleine Vorhänge in die Fenster malen.

• Für die Dächer der quer liegenden Eier schneidet man aus der Wellpappe 3,5 cm x 4 cm große Rechtecke zu. Wenn die unteren Kanten mit einer Zackenschere zugeschnitten werden, gewinnt man den Eindruck von Dachziegeln.

• Die senkrecht stehenden Häuschen erhalten ein rundes Dach. Dazu schneidet man zuerst einen Kreis von 4,5 cm Durchmesser zu und dann ein Segment von 2 cm Breite heraus. Die beiden Teile werden zu einem Dach zusammengeklebt und mit Klebstoff auf dem Ei befestigt.

Weiße Eier • Kartoffeln • Messer • rote Wellpappe • Plaka-Farben in Rot, Grau und Hellblau • Pinsel • Bleistift • Klebstoff • Schere • Zackenschere

Schmucke Kerzen

Kerzen verzieren

• Für die gestreiften Kerzen werden zuerst die Wachsplatten auf einem Holzbrett in kurze und lange Streifen geschnitten. Die Streifen drückt man so lange auf die Kerzen, bis sie durch die Wärme der Hand von selbst haften bleiben.

• Die bunten Buchstaben für „Frohe Ostern" werden als Erstes auf verschiedenfarbigen Wachsplatten vorgezeichnet und dann mit einem Messer ausgeschnitten. Anschließend werden sie an der Kerze fixiert.

• Die Tulpenblüte schneidet man aus einer gelben Knetwachsplatte und den Stängel sowie die Blätter aus einer grünen zu und formt sie mit den Händen nach. In die Blätter werden mit einem Messer feine Linien geritzt, die die Blattadern darstellen sollen. Anschließend werden Blüte, Stängel sowie Blätter sehr fest auf die Kerze gedrückt.

Kerzen in verschiedenen Größen und Farben • Knetwachs in unterschiedlichen Farben • verschiedenfarbige Wachsplatten • leere Eier • Zahnstocher • Dochte aus Baumwolle • verschiedenfarbige Kerzenreste oder weiße Kerzen • Färbestifte für Wachs • Holzbrett • Messer • Lineal • Zeitungspapier als Unterlage • Blechdose • Zange • evtl. Eierkarton

• Die langen, schmalen Kerzen werden mit kleinen Kugeln aus farbigem Knetwachs verziert. Auch ganz kleinen Kindern bereitet das Formen von Kügelchen aus Knete viel Spaß. Beim Fixieren an der Kerze kann etwas nachgeholfen werden.

Kerzen gießen

• Für die Eierkerzen deckt man als Erstes die Arbeitsfläche großzügig mit Zeitungspapier ab. Die leeren Eierschalen, z.B. von einem Frühstücksei, werden gut ausgespült, damit sie sich anschließend leichter wieder abpellen lassen. Zum Abtropfen kann man die Eierschalen in einen Eierkarton stellen.

• Eine Blechdose in ein Wasserbad stellen und die Kerzenreste darin schmelzen. Die weißen Kerzen können mit einem Färbestift eingefärbt werden.

• Mit einer Zange hebt man die Blechdose aus dem Wasserbad und gießt das geschmolzene Wachs in die Eierschalen. Das eine Ende des Dochtes wird an einen Zahnstocher gebunden, das andere Ende hängt man in das flüssige Wachs.

• Wenn das Wachs fest geworden ist, kann man die Eierschale abpellen. Besondere Effekte werden erzielt, wenn man verschiedene Farbschichten übereinander gießt. Dafür muss jede Schicht aber erst erkalten.

Osterbaum

• In gleichmäßigen Abständen werden, wie in der Grafik dargestellt, die drei kleinen Stöcke mit Draht an den langen Stock gebunden. Dabei beginnt man mit dem kürzesten Stock.

• Nun wird der Buchsbaum an dem Baum befestigt. Man nimmt dazu einen Buchsbaumbuschen und wickelt ihn mit dem Draht um die Stange. Am besten beginnt man bei der Baumspitze und arbeitet sich über die Querverstrebungen nach unten. Zwischen den einzelnen Buschen kann man ca. 10 cm Platz lassen, bevor man mit dem nächsten Buschen ansetzt.

• Je nachdem, wo man den Osterbaum platzieren möchte, lässt man ca. einen halben Meter des unteren Stockteils frei. Das untere Ende wird dann mit einem Geschenkband und einer großen Schleife verziert.

• Nun können die ausgeblasenen Eier bemalt werden. Nach dem Trocknen fixiert man eine Holzperle an einem blauen Faden. Den Faden zieht man mit einer Häkelnadel durch das Ei und befestigt ihn an dem Osterbaum.

• Genauso verfährt man mit den anderen elf Eiern, die in gleichmäßigen Abständen, wie auf dem Foto dargestellt, an den Querverstrebungen des Osterbaums befestigt werden. Den Osterbaum kann man entweder in den Rasen oder in einen Blumentopf stecken und auf den Balkon stellen.

4 Holzstäbe in Längen von: 1,30 cm, 70 cm, 50 cm, 30 cm • Bindedraht • Zange • Buchsbaum • Geschenkbänder • Klebstoff • 12 ausgeblasene Ostereier • 12 verschiedenfarbige Holzperlen, 0,7 cm Ø • blauer Baumwollfaden • Häkelnadel • Plaka-Farben in Rot, Gelb, Grün und Blau • Pinsel

Heuhase mit Kiepe

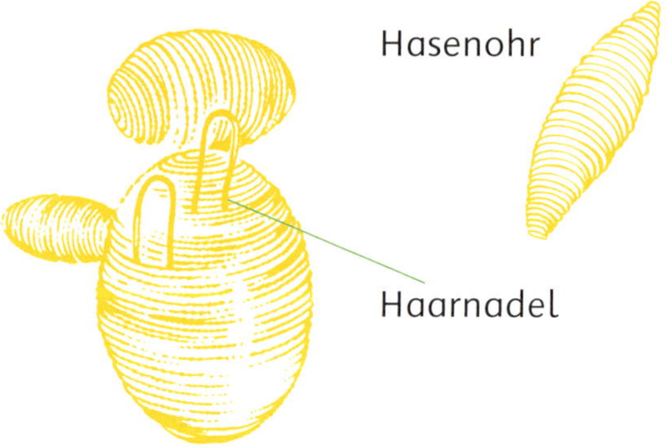

Heuhase

• Um den Körper des Hasen anzufertigen, verwendet man ein Bündel Heu, das mit Bindedraht zu einem runden Knäuel gewickelt wird. Man gibt so lange Heu dazu, bis die gewünschte Körpergröße ohne Kopf erreicht wird.

• Der Bauch wird angefertigt, indem man noch etwas Heu zugibt, dieses aber nur an den oberen und unteren Heuenden um den Körper wickelt. Die Mitte lässt man dabei schön dick.

• Für den Hasenkopf wird ein Heuknäuel fest umwickelt. Die Schnauze fertigt man wie den Bauch an, nur kleiner.

• Pfoten, Füße und Schwanz entstehen, wenn man einen möglichst langen Strang Heu nimmt, ihn vorn umbiegt und mit Draht umwickelt. Dabei dürfen die umgebogenen Enden nicht fest gewickelt werden, da sie die runden Pfoten oder das Schwanzende bilden.

• Die Ohren werden spitz zulaufend aus nicht geknicktem Heu gebunden. Die einzelnen Teile werden mit Haarnadeln zusammengesteckt (siehe Grafik) und dann noch einmal mit Draht umwickelt.

• Die Augen werden aus weißem Tonkarton zugeschnitten, die Pupillen malt man mit einem schwarzen Filzstift auf. Mit je einer Stecknadel werden die Augen auf dem Hasenkopf platziert.

Kiepe

• Die Kiepe besteht aus Hasengitter, das zu einem Rechteck gebogen wird. An einer Seite sowie unten wird das Gitter mit Draht verschlossen. Dazu fädelt man den Draht durch die einzelnen Gitterlöcher.

• Für die Gurte nimmt man ein Geschenkband doppelt und bindet es oben an beiden Korbseiten fest. Die Gurte werden dem Hasen wie bei einem Rucksack über die Schultern gelegt und unten an der Kiepe befestigt. Zum Schluss füllt man die Kiepe mit bunten Eiern.

1 Paket möglichst langes Heu aus dem Zoobedarf • Bindedraht • Zange • Hasengitter, 45 cm x 20 cm • Geschenkband • Haarnadeln • Schere • weißer Tonkartonrest • schwarzer Filzstift • 2 Stecknadeln mit weißen oder schwarzen Köpfen

Tierische Eierbecher

• Die gewünschten Motive überträgt man von den Seiten 74 und 75 auf Tonpapier und schneidet sie aus. Dann werden für die Eierständer 21 cm x 5 cm große Papierstreifen zugeschnitten und zu einem Ring zusammengeklebt.

• Nun können die Gesichtspartien an den Kopf geklebt werden. Mund, Nase und Pupillen werden mit einem schwarzen Filzstift aufgezeichnet. Anschließend wird der fertiggestellte Kopf an den passenden Ring geklebt.

• Um die Ohren anzufertigen, werden zuerst die Innenohren an den Ohren festgeklebt, dann können die Ohren am Kopf fixiert werden. Zum Schluss werden die Finger mit einem schwarzen Filzstift angedeutet und die Hände an die Rolle geklebt.

Tonpapier in den Farben Gelb, Rosa, Hellblau, Grün, Braun, Schwarz und Weiß • Filzstift in Schwarz • Schere • Klebstoff • Lineal • Locher

Nester aus der Natur

Bärengras • Arthurienblatt • 3 Bündel Tiki-Farn • Feinstrahlastern oder Septemberkraut • Bindedraht • Zange • dünne Äste von einer Korkenzieherweide • Bast • Messer

Nest aus Bärengras

• Die Bärengrasbüschel werden zu einem Ring gelegt und fest mit Bast umwickelt. Die restlichen Grasbüschel werden so lange um den Ring geschlungen, bis das Nest die gewünschte Größe erreicht hat. Das zweite Nest wird genauso, nur etwas größer, gearbeitet und unter das erste gesetzt.

• Als Halterung für die Osternester werden einige Äste mit Bindedraht so über Kreuz zusammengebunden, dass die Nester gut darin Platz finden.

Blütennest

• Das Blütennest besteht aus drei Bündeln Tiki-Farn, die mit Bindedraht zu einem Ring zusammengebunden werden. In gleichmäßigen Abständen werden dabei die einzelnen Feinstrahlastern dazugebunden.

• Zum Schluss werden noch einige Feinstrahlastern zusammengenommen und zu einem kleinen Strauß gebunden. Bevor man die Feinstrahlastern an dem Ring platziert, kann man sie auch erst einmal provisorisch anordnen. Hat man dann den entsprechenden Platz gefunden, werden sie mit Draht fixiert.

• Das Blütennest wird nun auf einen dekorativen Teller gesetzt und mit einigen bunt bemalten Eiern gefüllt.

Blattnest

• Für dieses hübsche Naturnest benötigt man ein schönes Arthurienblatt. Zuerst wird der Stiel mit einem scharfen Messer vom Blatt entfernt. Dann wird das Blatt auf einen Teller gelegt und mit einem Ei dekoriert. Das kann passend zur Farbe des Tellers bemalt werden. Abschließend drapiert man noch einige Feinstrahlastern dazu.

Blumennester

• Bei diesem Blumennest passen alle Teile ineinander. Zudem werden sie nach dem gleichen Prinzip gearbeitet. Für die großen Nester verwendet man den Tellerrand eines Suppentellers, für die kleinen Nester den einer Untertasse.

• Den Umfang eines Blumennestes erhält man, indem man den Durchmesser des Suppentellers oder der Untertasse mit 3,14 multipliziert. Das Ergebnis wird dann wiederum durch die gewünschte Anzahl der Blütenblätter geteilt.

• Der auf diese Weise erhaltene Ansatz der einzelnen Blätter des Fünf- oder des Achtecks wird mit einem hoch gestellten Lineal auf dem Umfang angezeichnet. Wenn man das Lineal nicht hoch stellt, erhält man zu kurze Abschnitte.

• Die großen Blumen sind achteckig, die kleinen fünfeckig. Nun wird, wie in der Grafik dargestellt, die Höhe der Seitenteile senkrecht zu den Geraden eingezeichnet, und zwar bei den großen Nestern 7 cm, bei den kleinen 5 cm. Die Blütenspitzen können entweder spitz zulaufen oder leicht abgerundet werden.

Tonpapier in Gelb, Gelbgrün, Hellgrün, Grün, Orange und Rot • Schere • Lineal • Bleistift • Klebstoff • Taschenrechner • Suppenteller • Untertasse

• Wenn man mehrere Blumennester ineinanderstellen möchte, benötigt das äußere Nest eine 0,5 cm breite Klebelasche, damit man es später verschließen kann. Die Klebelasche wird auf einer Seite der Nestwand eingezeichnet. Die inneren Nester werden bis auf das kleinste nicht zusammengeklebt.

• Nun werden die Nester ausgeschnitten und zusammengeklebt. Hübsch sieht es auch aus, wenn die einzelnen Blütenblätter noch etwas nach unten gebogen werden.

Eierschalen-mosaik

10 Eier • Eierfarben • Papp- oder Holzschachteln in Enten-, Ei-, Blumen- oder Herzform • Holzleim • Pinsel • Löffel • Pinzette

• Zunächst kocht man zehn Eier hart und färbt sie in unterschiedlichen Farben ein. Dann schlägt man die Spitzen der Eier ab und nimmt das Ei mit einem Löffel heraus. Nun entfernt man die innere Haut von den Eierschalen und bricht die Schalen in 1 cm bis 2 cm große Stücke.

• Weil der Holzleim schnell trocknet, wird immer nur ein kleines Stück der Schachtel eingepinselt und mit einer Eierschale belegt. Wenn die Schalen beim Andrücken auf die mit Leim versehene Stelle noch einmal zerbrechen, kann man die Bruchstücke mit einer Pinzette etwas auseinanderschieben.

• Einen leichten Glanz erhalten die Mosaikstücke, wenn man den Leim über die Eierschalen pinselt. Getrocknet ist der Leim transparent.

• Auf diese Weise kann man sowohl den Deckel der Schachtel als auch die Schachtelseiten verzieren.

Ostercollage

• Das Tonpapier schneidet man in DIN A4 zu. Dann wird der Draht so zugeschnitten, dass er ca. 2 cm über das Blatt Papier hinaussteht. Dieser Rand, der auch als Aufhängung dient, wird auf die Papierrückseite umgebogen.

• Nun werden die bereitliegenden Materialien entweder unter den Draht geklemmt, in den Draht eingeflochten oder mit dem Bindedraht festgebunden und angeklebt.

• Aus dem Bärengras kann man mehrere kleine Nester gestalten, die mit Bast festgebunden werden. Zum Schluss werden die bunten Eierschalen in die Komposition geklebt.

• Sehr hübsch sehen auch bunte Geschenkbänder und Federn aus, die vereinzelt dazudrapiert werden. Es kann beliebig viel Material in der Collage verwendet werden. Der Fantasie sind dabei keine Grenzen gesetzt.

Tonpapier in Gelb, Orange, Hellgrün und Türkis • Gitterdraht • Zange • Bindedraht • Klebstoff • Bärengras • Moos • Weidenzweige • Federn • Eierschalen • Geschenkbänder in verschiedenen Farben • Bast

Ostersprüche

• Zuerst werden die Gänseeier ausgeblasen und gut ausgewaschen. Mit Gänseeiern kann man besser arbeiten, da sie größer und robuster sind.

• In die Mitte des Eis wird mit einer Laubsäge ein Schlitz von ca. 3 cm Länge hineingesägt. Die Länge hängt von der Breite des Bandes ab, das man verwenden will. Dann wird das Ei bemalt.

• Wenn die Farbe getrocknet ist, kann man ein 25 cm langes Stück Draht in den Schlitz schieben. Der Draht wird dazu in der Mitte geknickt und so durch das Ei geführt, dass die beiden Enden an den Seitenlöchern wieder herauskommen. Die Drahtschlaufe darf dabei nicht in das Ei hineinrutschen.

• Als nächstes wird ein Band aus farbigem Papier, 17 cm x 15 cm, zugeschnitten und mit einem Goldstift beschriftet. Ein Ende des Bandes wird an der Drahtschlinge mit Klebstoff befestigt.

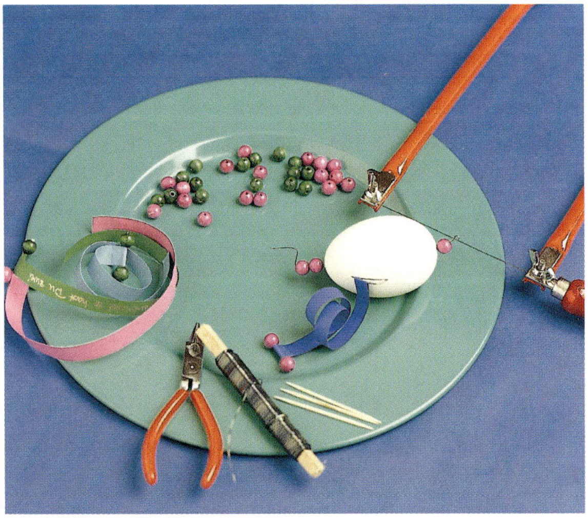

• Nun kann man die Drahtschlinge in das Innere des Eis ziehen. Das eine Ende des Drahtes wird mit einer bunten Perle versehen, das andere wird zu einer Kurbel gebogen. Ende und Anfang der Kurbel werden mit je einer Perle verziert. Den restlichen Draht wickelt man um die Rundzange.

• Nun kann man das Spruchband aufrollen. Damit es nicht in das Ei hineinrutscht, wird das Bandende um einen Zahnstocher gerollt und rechts und links mit zwei Perlen verziert.

Ausgeblasene Gänseeier • Acrylfarben in Gelb, Lachs, Pink, Hellblau • Draht • Rundzange • Tonpapier in Pink, Hellblau, Königsblau, Grün • Perlen, 0,7 cm Ø, in Pink und Grün • Goldstift • Zahnstocher • Klebstoff • Laubsäge

Spielen

Palmkätzchenpusten

Ein lustiges Spiel ist das Pusten von Palmkätzchen über einen Tisch. Zwei Spieler sitzen sich mit je einem Häufchen Palmkätzchen an einem Tisch gegenüber. Ein dritter Mitspieler gibt das Kommando: „Auf die Kätzchen, fertig, pusten!" Jedes Kind versucht nun seine Palmkätzchen auf den Platz des anderen zu blasen. Dabei darf kein Kätzchen vom Tisch fallen. Der Schiedsrichter passt auf. Gewonnen hat der Spieler, dem es gelingt, den Gegenspieler so weit zurückzudrängen, dass an seinem Platz kein einziges Kätzchen mehr liegt.

Was steckt dahinter?

Ich weiß ein kleines, dünnes Haus, man sieht nicht, wo hinten oder vorn ist, und will der kleine Wicht heraus, dann muss er erst einmal die Wand durchbohren.

Küken

Wenn ich wüsste, wer das ist, der immer mit zwei Löffeln isst.

Hase

Was bleibt von einem Dreieck übrig, wenn es das Ei verliert?

Dreck

Ein Haus voller Essen, die Türe vergessen?

Ei

Ich weiß ein schönes Plätzchen, da sitzen sehr viele Kätzchen, ihr Fell ist zart und fein, doch nie hört man „Miau" sie schrei'n.

Palmkätzchen

Der kleine Osterhase

Es war einmal ein kleiner Hase, der wollte sehr gerne ein Osterhase werden. Aber seine Mama sagte zu ihm: „Dafür bist du noch viel zu klein, warte, bis du ein bisschen größer bist." „Ich bin gar nicht klein", murrte der kleine Hase und verkroch sich traurig in sein Bett. Die ganze Nacht über träumte er von großen bunten Eiern, die er ganz allein in die Nester legte.

Als er früh am Morgen erwachte, hatte er auch schon einen Plan gemacht: Heimlich stahl er sich aus der Hasenwohnung und lief über das Feld. Dort traf er eine Kuh. „Kannst du Eier machen?", fragte er sie. „Muh", antwortete die Kuh, „Eier machen kann ich nicht, geh und frag die Vögel." „Danke", sagte der kleine Hase und ging weiter. Bald traf er auf einen Raben: „Hallo, Herr Rabe", rief er, „wissen Sie, wer die Eier macht?" „Welche Eier?", fragte der Rabe. „Ostereier", antwortete der kleine Hase. „Nein, das weiß ich nicht", sagte der Rabe und flog davon. Da lief der kleine Hase weiter, bis er an einen See kam.

Dort fragte er den Fisch: „Weißt du, wer die Eier macht?" „Ja", antwortete der Fisch, „ich mache Eier." „Gut", sagte der kleine Hase, „dann zeige sie mir." „Nein", blubberte der Fisch, „jetzt kann ich sie dir nicht zeigen."

Traurig wandte sich der kleine Hase ab und lief weiter, bis er zu einem Bauernhof kam und auf eine Henne traf. „Kannst du Eier legen?", fragte er sie.

„Ja, das kann ich", sagte die Henne. „Warum willst du das wissen?", fragte sie. „Weil ich Osterhase werden will", antwortete der kleine Hase. „Gut", sagte die Henne, „dieses Jahr gibt es so viele Eier, da freue ich mich, wenn mir jemand beim Bemalen der Eier hilft."

Da nahm der kleine Hase den Pinsel in seine Pfote und tupfte nach Herzenslust Farbe auf die Eier.

Fingerspiel

Fünf Männlein sind
in den Wald gegangen,
die wollten den
Osterhasen fangen.

Der dritte, Der lange,
dem wurde gar bange,
er fing an zu weinen:
„Ich sehe keinen!"

Der Vierte,
der sagte:
„Das ist mir
zu dumm,
ich kehr
wieder
um!"

Der Zweite,
der sagte:
„Da sitzt
er ja!"

Der Erste,
der war
so dick
wie ein Fass,
der brummte
immer:
„Wo ist der Has,
wo ist der Has?"

Der Kleinste aber,
wer hätt's gedacht,
der hat den Hasen
nach Haus
gebracht!

Der Osterhase

Eier, blau und grün und fleckig,
Eier, rot und gelb und scheckig.
Häslein in dem grünen Wald,
bin dir gut und dank dir halt.
Häslein mit dem langen Ohr,
dank dir tausendmal davor!

Eierlauf

Zuerst wird im Garten oder in der Wohnung eine Rennstrecke mit Start und Ziel abgesteckt. Dann erhält jeder Mitspieler einen Löffel und ein Ei. Die Kinder legen das Ei auf den Löffel und stellen sich an der Startlinie auf. Wenn der Spielleiter „Auf die Plätze! Fertig! Los!" ruft, spurten die Mitspieler los. Sieger ist derjenige, der als Erster mit dem Ei auf dem Löffel durch das Ziel läuft. In der Wohnung können auch immer zwei Kinder gegeneinander antreten. Die Gewinner aus jedem Lauf treten dann noch einmal gegeneinander an.

Eierbutzen

Bei diesem Spiel stehen sich zwei gleich große und starke Kinder gegenüber. Jeder Mitspieler bekommt ein hart gekochtes Ei in die Hand. Unter den „Adleraugen" eines neutralen Spielers schlagen dann die Kinder ihre Eier so lange mit der Spitze

aneinander, bis eines zerbricht. Es gewinnt der, dessen Ei ganz bleibt. Der Gewinner erhält das Ei des anderen.

Münzen werfen

Dieses Spiel ist ganz einfach durchzuführen und macht viel Spaß. Mehrere Kinder setzen sich in einer Runde auf den Boden oder auf den Rasen und legen jeweils ein Ei vor sich hin. Jedes Kind erhält fünf Mün-

zen. Der Reihe nach versuchen die einzelnen Spieler nun ihre Münzen so auf das Ei zu werfen, dass diese darin stecken bleiben. Wer am Ende die meisten Münzen in seinem Ei platziert hat, hat gewonnen und darf sowohl die Münzen als auch das Ei des Gegners behalten.

Zielscheibe

Für dieses Spiel braucht man ein bisschen Vorbereitungszeit, da zuerst ein großer Eierkarton mit einem Zielquadrat in der Mitte bemalt werden muss und dann für jeden Mitspieler acht Korken zur Hälfte mit einer bestimmten Farbe gekennzeichnet werden. Jedes Kind nimmt sich acht Korken in einer Farbe und versucht nun möglichst alle so in das Zielquadrat zu werfen, dass die Korken mit der bemalten Seite im Karton landen. Wem dies gelingt, der wird als Meisterschütze gefeiert. Bei kleineren Kindern genügt es auch, wenn sie mit den Korken in den Karton treffen.

Lichter setzen

Einen schönen Abschluss des Osterfestes bildet das Spiel „Lichter setzen". Dabei können die Kinder Schwimmkerzen in einen nahe gelegenen Bach oder Fluss setzen. Die Kerzen werden angezündet und dann vorsichtig, damit sie nicht ausgehen, ins Wasser gelassen. Die davonschwimmenden Lichter sind ein Zeichen dafür, dass die Tage wieder länger werden und der kalte Winter vorüber ist.

Osterreime und -gedichte

Diese Osterreime und -gedichte kannst du auch für die Ostersprüche auf Seite 46 verwenden.

- Der Hahn ist bunt, das Ei ist rund.
  Oh liebes Huhn, bleib doch gesund,
  damit du Eier legen kannst so rund.

- Osterhäschen, Osterhas,
  komm mal her, ich sag dir was:
  Laufe nicht an mir vorbei,
  schenk mir doch ein buntes Ei!

- Osterhäschen, komm zu mir,
  komm in unsern Garten!
  Bring uns Eier, zwei, drei, vier,
  lass uns nicht mehr lang warten!

Osterhas, Osterhas!

Osterhas, Osterhas!
Im grünen, grünen Gras,
unter Busch und Hecken
müssen Eier stecken.
Suchen wir, suchen wir
Einmal dort, einmal hier.
Unter Busch und Hecken
müssen Eier stecken.
Blaues Ei, rotes Ei,
in den Blumen sind es zwei
hier ein Nest, dort ein Nest,
schön ist ein Osterfest.

Das Osterei

Hei, juchei! Kommt vorbei!
Suchen wir das Osterei!
Immerfort, hier und dort
und an jedem Ort!

Ist es noch so gut versteckt.
Endlich wird es doch entdeckt.
Hier ein Ei! Dort ein Ei!
Bald sinds zwei und drei.

(Heinrich Hoffmann von Fallersleben)

Unterm Baum im grünen Gras

Unterm Baum im grünen Gras
sitzt ein kleiner Osterhas!
Putzt den Bart und spitzt das Ohr,
macht Männchen, guckt hervor.
Springt dann fort mit einem Satz
und ein kleiner frecher Spatz
schaut jetzt nach, was denn dort sei.
Und was ist's? Ein Osterei!

Has, Has, Osterhas

Has, Has, Osterhas,
wir möchten nicht mehr warten.
Der Krokus und das Tausendschön,
Vergissmeinnicht und Tulpe stehn
schon lang in unserm Garten.

Has, Has, Osterhas,
mit deinen bunten Eiern!
Der Star lugt aus dem Kasten raus.
Blühkätzchen sitzen um sein Haus.
Wann kommst du Ostern feiern?

Kochen
und backen

Kräuteromelett

Zutaten: (für 8 Eierkuchen)

- 60 g Mehl
- 100 ml Milch
- 50 ml Wasser
- je 1 Prise Salz und Zucker
- 2 kleine Eier
- 2 EL Öl
- Fett zum Ausbacken
- je 1 Bund Petersilie und Schnittlauch
- Pfanne, 15 cm Ø

- Die Kräuter fein hacken. Das Mehl in eine Schüssel sieben. Die Milch mit dem Wasser vermischen und mit dem Schneebesen ins Mehl rühren. Salz und Zucker zugeben und 30 Minuten lang quellen lassen. Anschließend die Eier und das Öl hinzufügen und den Teig glatt rühren. Die Kräuter untermischen.

- Mit einer Schöpfkelle den Teig in die heiße Pfanne geben und das Omelett von beiden Seiten goldbraun backen.

Pellkartoffeln mit grüner Soße

Zutaten: (für 2 Personen)

- 8 Kartoffeln
- je ein Bund Borretsch, Dill, Estragon, Kerbel, Petersilie, Pimpernell, Schnittlauch, Zitronenmelisse
- 1 Klecks Butter
- 6 EL Crème fraîche
- 3 EL Naturjoghurt
- 2 Frühlingszwiebeln
- Salz
- Zitronenpfeffer

- Die Kartoffeln waschen und kochen. Die Kräuter von den Stielen zupfen, waschen und klein hacken.

- Frühlingszwiebeln in Ringe schneiden und in Butter dünsten. Dann die Crème fraîche hinzugeben und aufkochen lassen.

- Nun die gehackten Kräuter sowie den Joghurt hinzufügen. Die Soße mit Salz und Zitronenpfeffer abschmecken und zu den noch heißen, geschälten Kartoffeln servieren.

Kräutersuppe

Zutaten: (für 4 Personen)

- 1 Stange Lauch
- 400 g Kräuter, darunter: Basilikum, Kresse oder Brunnenkresse, Gänseblümchenblätter, Löwenzahn, Petersilie, Salbei, Sauerampfer oder Spitzwegerich, Schnittlauch, Spinat, evtl. Brennnessel oder Kerbel
- 50 g Butter
- 2 Eigelb
- 100 ml süße Sahne
- Salz
- Pfeffer
- 1l Gemüsebrühe

• Die Kräuter fein hacken. Den Lauch in Scheiben schneiden und in Butter dünsten. Dann die Kräuter kurz zugeben. Von der Petersilie oder der Kresse 2 EL zum Dekorieren beiseitestellen.

• Mit der Gemüsebrühe ablöschen und die Suppe 15 Minuten lang kochen. Anschließend die Kräutersuppe pürieren oder durch ein Sieb streichen.

• Eigelb mit der Sahne verquirlen und in die Suppe geben. Die Suppe nochmals erwärmen, aber nicht aufkochen lassen. Zum Schluss mit Salz und Pfeffer abschmecken und mit etwas Kresse oder Petersilie bestreuen.

Gebildebrot und Kreuzbrot

Zutaten: (für 8 Brote oder einen Hahn und 3 Brote)

- 600 g Mehl
- Hefe (42 g)
- 30 g Zucker
- 1 Prise Salz
- 100 g weiche Butter
- ¼ l Milch
- 1 Ei
- 3 Eigelb
- Fett für das Backblech oder Backpapier

Hefeteig

• Mehl in eine Schüssel geben und eine Mulde hineindrücken. Hefe zwischen den Fingern zerreiben und in die Mitte der Mulde geben. Zucker, Salz, Ei, Eigelb und weiche Butter auf dem Mehlrand verteilen. Warme Milch über die Hefe gießen und alles zu einem Hefeteig kneten.

• Den durchgekneteten Vorteig auf der Arbeitsfläche kräftig durchschlagen. Zu einer Kugel formen. Zugedeckt ca. 25 Minuten an einem warmen Ort gehen lassen, bis sich das Volumen verdoppelt hat.

Gebildebrote

• Den Teig zu einer großen Rolle formen. Für jedes Brot eine Scheibe, ca. 1 cm, abschneiden und nochmals mit den Händen rollen. Nach den Grafiken auf Seite 59 eine Brotart formen. Das Brot auf dem Blech acht bis zehn Minuten gehen lassen.

• Eigelb und Milch verrühren und das Brot damit bestreichen. Bei 200 °C (Gas: Stufe 3) auf der unteren Einschubleiste 18 bis 20 Minuten backen.

Hahn

• Den restlichen Teig ca. 1,5 cm dick ausrollen. Mit einem scharfen Messer die Konturen herausschneiden und die Federn gestalten. Eine Rosine als Auge verwenden. Mit der Ei-Milch-Mischung bestreichen und wie oben beschrieben goldbraun backen.

Kreuzbrot

• Eine Prise Zimt und Rosinen in den Teig kneten. Eine Rolle formen und in Scheiben schneiden. Aus jeder Scheibe ein Brötchen formen. Dann ein Kreuz hineinschneiden. Mit der Ei-Milch-Mischung bestreichen und wie oben beschrieben backen.

Osterhasen

Zutaten: (für 2 Hasen)

für den Teig:

- 150 g Butter
- 50 g Speisestärke
- 2 TL Backpulver
- 125 g Zucker
- 2 Pck. Vanillezucker
- 1 Prise Salz
- 2 Pck. Citro-back
- 3 Eier
- 100 g Mehl
- 2 Pck. Schoko-Tröpfchen
- Semmelbrösel
- 2 Hasenformen

für die Dekoration:

- 1 Kuchenglasur Vollmilch
- 1 Kuchenglasur Zitrone
- 1 Pck. Zuckerstreusel
- 1 Pck. Gebäckschmuck
- 1 Pck. Zuckerschrift

• Butter, Zucker, Vanillezucker, Salz und Citro-back in einer Schüssel verrühren. Unter dem Rühren die Eier zugeben. Mehl, Speisestärke und Backpulver mischen und hinzufügen. Zum Schluss die Schoko-Tröpfchen beimischen.

• Teig in zwei gut eingefettete und mit Semmelbröseln bestreute Hasenformen füllen. Im vorgeheizten Backofen ca. 50 Minuten bei 175 °C (Gas: Stufe 2) backen. Nach dem Backen noch ca. zehn Minuten in der Form ruhen lassen. Diese dann öffnen und die Hasen auf einem Kuchengitter abkühlen lassen.

• Kuchenglasuren nach Packungsangaben schmelzen. Den einen Hasen mit der Vollmilchglasur und den anderen mit der Zitronenglasur überziehen. Dann beide mit Zuckerstreusel und Gebäckschmuck verzieren. Wenn die Verzierung getrocknet ist, Augen, Nase und Ohren mit Zuckerschrift aufmalen.

Sonnenbögen

Kreuzbrot

Sonnenlauf

Sonnenkreuz

Hahn

Ostertorte

Zutaten:

für den Biskuitteig:

- 6 Eier
- 180 g Zucker
- 1 Prise Salz
- 120 g Mehl
- 80 g Speisestärke
- Backpapier

für die Füllung:

- 500 g Himbeeren (TK)
- 6 Blatt weiße Gelatine
- 2 Vanilleschoten
- 4 Eigelb
- 120 g Zucker
- 1 Prise Salz
- 1 EL Cassis
- 1 l Schlagsahne
- 1 Pck. Vanillezucker

für die Dekoration:

- 820 g Puderzucker
- 10 EL Zitronensaft
- 400 g Marzipanrohmasse
- Lebensmittelfarben in Gelb, Grün, Rot, Pink und Blau
- Himbeermarmelade
- weiße Osterhasen

Biskuitteig

• Eier trennen, Eigelb und 150 g Zucker mit dem Quirl eines Rührgerätes sieben bis zehn Minuten zu einem dicklichen Schaum schlagen. Das Eiweiß getrennt mit dem restlichen Zucker und dem Salz zu einem Schnee steif schlagen. Ein Drittel des Eischnees unter die Eigelbmasse rühren, den restlichen Schnee darauf setzen. Mehl und Speisestärke darübersieben. Vorsichtig unterheben, bis die Masse sich verbindet.

• Den Boden einer Springform mit Backpapier auslegen. Die Biskuitmasse einfüllen und glatt streichen. Im vorgeheizten Backofen bei 175 °C (Gas: Stufe 2) auf der zweiten Einschubleiste von unten 25 Minuten backen. Anschließend fünf Minuten im ausgeschalteten Backofen ruhen lassen.

• Den Teig auf ein Kuchengitter stürzen, vier bis fünf Stunden ruhen lassen und zweimal quer durchschneiden.

Füllung

• Die Himbeeren ausgebreitet auftauen lassen, anschließend pürieren und durch ein Sieb streichen.

• Die Gelatine im kalten Wasser einweichen, die Vanilleschoten der Länge nach aufschlitzen und das Mark herauskratzen. Vanillemark, Eigelb, Zucker, Salz und Cassis mit dem Quirl des Handrührgerätes ca. sieben Minuten zu einem dicklichen Schaum rühren. Dann das Himbeermark unterrühren. Die nasse Gelatine bei milder Hitze auflösen und ebenfalls einrühren.

• Die Schlagsahne mit dem Vanillezucker steif schlagen und sobald die Himbeeren anfangen zu gelieren, die Sahne unterheben. Die Böden dick mit der Himbeersahne einstreichen und wieder aufeinandersetzen. Kühl stellen.

Garnitur

• 500 g Puderzucker sieben und mit dem Zitronensaft glatt rühren. 4 EL davon abnehmen und mit der grünen Lebensmittelfarbe einfärben, den Rest mit gelber Farbe färben.

• Die Tortenoberfläche und die Seiten zuerst mit der Himbeermarmelade, dann mit der gelben Glasur überziehen. Die grüne Glasur in eine Spritztüte füllen und Kreise auf die Torte spritzen. Mit einem Holzstäbchen die grüne Farbe nach außen ziehen. Den Rand der Torte ebenfalls mit gelber Glasur versehen.

• Den restlichen Puderzucker mit der Marzipanrohmasse verrühren. Ein Viertel der Masse zur Seite stellen und den Rest mit roter Lebensmittelfarbe färben. Daraus Möhren formen und mit dem Holzstäbchen Rillen einkerben.

• Für die Möhrenblätter einen Teil der restlichen Marzipanmasse mit grüner Farbe färben. Die bunten Marzipaneier in den anderen Farben gestalten. Die Osterhäschen können im Handel erworben werden.

Königliche Eier

Zutaten:
- 4 gekochte Eier
- Forellenkaviar
- grüne Spargelspitzen
- Weißbrot
- Räucherlachs
- Dill
- Petersilie
- Garnelen
- Parmesan

Die Eier weich kochen und die Spitze abschneiden. Dann das erste Ei mit Forellenkaviar und Petersilienzweigen, das zweite Ei mit blanchierten grünen Spargelspitzen und gehobeltem Parmesan, das dritte Ei mit in Butter angerösteten Weißbrotwürfeln (Croûtons) sowie einer Garnele und das vierte Ei mit klein geschnittenem Räucherlachs und Dill garnieren.

Kekskuken

Zutaten: (für ca. 10 Stück)
für den Makronenteig:
- 600 g Marzipanrohmasse
- 400 g Zucker
- 2 TL fein abgeriebene Zitronenschale
- 5 Eiweiß
- 30 g Mehl

für die Füllung:
- 100 g Nougatmasse
- 100 g Marzipanrohmasse
- gelbe Lebensmittelfarbe
- 1 Eiweiß
- 225 g Puderzucker
- Backpapier
- halbrunde, gewellte Förmchen

- Marzipanrohmasse mit Zucker und Zitronenschale in einer Schüssel verrühren. Das flüssige Eiweiß nach und nach zugeben. Anschließend das Mehl hinzufügen und alles gut verkneten. Die Masse über Nacht ruhen lassen.

- Makronenmasse in einen Spritzbeutel mit einer großen Öffnung füllen. Für den Kükenkörper einen großen Kreis, 6 cm Ø, spritzen sowie rechts und links überlappend zwei kleine Kreise für Kopf und Schwanzteil anlegen. Für ein Küken braucht man zweimal den Körper und einmal einen großen Kreis als Fuß.

- Die Plätzchen im vorgeheizten Backofen bei 175 °C (Gas: Stufe 2) auf der mittleren Einschubleiste ca. 15 Minuten backen. Danach auskühlen lassen und vom Blech nehmen.

- Für die Füllung die Nougatmasse so lange im Wasserbad erwärmen, bis sie geschmeidig wird. Dann die Masse auf eine Hälfte des Kükenkörpers streichen und die andere fest andrücken. Erkalten lassen und die Körper auf ein ebenfalls mit Nougat bestrichenes Plätzchen, das als Fuß dient, drücken.

- Anschließend die Marzipanrohmasse mit 25 g Puderzucker verkneten und mit der Lebensmittelfarbe färben. Masse ca. 1 cm dick auf einer mit Puderzucker bestäubten Arbeitsfläche ausrollen und die Kükenhäubchen mit einem gewellten Förmchen ausstechen. Die Form halbieren und dem Küken als Haube aufdrücken.

- Aus den Marzipanresten die Schnäbel formen. Den restlichen Puderzucker mit dem Eiweiß verrühren und jedem Küken damit Augen aufspritzen. Mit den Nougatresten kleine Pupillen auftupfen.

Brauchtum

Palmsonntag

Wieso Palmsonntag?

Der letzte Sonntag vor Ostern erinnert an den Tag, an dem Jesus auf einem Esel in Jerusalem einzog. Die Straßen, durch die er ritt, waren von Menschen gesäumt. Sie rissen vor Freude Zweige ab. Sie bejubelten ihn wie einen König und legten die abgerissenen Palmwedel oder Ölzweige als Zeichen des Sieges auf seinen Weg. Es sollte für viele ein Tag der Hoffnung und Freude sein, weil Jesus als Retter des jüdischen Volkes und als Befreier von der römischen Vorherrschaft erwartet wurde.

An seinen Einzug in Jerusalem gedenken wir heute durch die Palmprozession. Der Name dieses Festtages bezieht sich auf die Palmenzweige, die der Priester zuvor in der Kirche weiht und die bei der Prozession mitgetragen werden. Anschließend werden sie als Schutz für Haus und Hof aufbewahrt.

Da bei uns keine Palmen wachsen, werden stattdessen in vielen Gegenden reichlich verzierte Palmstöcke und Palmstangen angefertigt. Bei der Form der Gebinde orientiert man sich an der immergrünen Palme, die nach unten spitz zuläuft und nach oben breit ausfächert. Möglichst lang und bunt sollen die Osterpalmen sein. Sie werden mit ausgeblasenen, gefärbten Eiern, Gebäck, Äpfeln und Bändern verziert.

Im Mittelalter führte man auch einen aus Holz geschnitzten lebensgroßen Esel, der auf Rollen montiert war, mit. Auf ihm saß eine Christusfigur. Daher stammt wohl der Begriff „Palmesel“.

Mit dem Palmsonntag beginnt die letzte Lebenswoche Jesu. Einige nennen sie „Passionszeit“, nach dem lateinischen Wort für Leid, andere bezeichnen sie als „Karwoche“. Das Wort „car“ leitet sich aus dem mittelhochdeutschen Begriff für Trauer oder Wehklagen ab.

Wer wird Palmesel?

Der Langschläfer, der am Palmsonntagmorgen als Letzter aus dem Bett schlüpft, wird Palmesel genannt. Wer besonders lange und fest schlief, den trieb man an diesem Tag mit Weidenruten aus dem Bett oder kitzelte ihn so lange mit Weidenkätzchen, bis er endlich aufgestanden war. Er musste sich dabei manche Neckerei anhören und bekam manchmal auch Eselsohren aus Pappe aufgesetzt. Palmesel muss sich auch der rufen lassen, der mit seinem Palmbuschen zuletzt in der Kirche eintrifft.

Palmbuschen

Für die Palmprozession werden reichlich Palmbuschen verwendet. In Gebieten, in denen diese selten vorkommen, werden sie durch grüne Sträucher ersetzt. So holen die Menschen in der Schweiz Stechpalmzweige mit möglichst vielen roten Beeren aus dem Wald. In Tirol (Österreich) bestehen die Palmbuschen aus Weiden- und Tannenzweigen.

In Westfalen entrinden viele Kinder einen starken Zweig und binden an seine Spitze einen Buchsbaum. Dann lassen sie ihren Palmstock weihen und ziehen mit ihm von Haus zu Haus, wo er mit allerlei Naschwerk geschmückt wird. Anschließend wird der Palmstock geplündert.

Gründonnerstag

Warum Gründonnerstag?

Am Donnerstag vor Ostern kamen die ersten frischen Kräuter auf den Tisch. Die Frauen backten Kräuterpfannkuchen und Omeletts oder kochten eine Suppe aus sieben oder neun verschiedenen Kräutern.

Den an diesem Tag gesäten Kräutern sagte man eine besonders heilkräftige Wirkung nach. Auch Blumen, die am Gründonnerstag gesät werden, sollen sehr schön wachsen.

Früher hieß der Gründonnerstag „Greindonnerstag". An diesem Tag durften alle seit dem Aschermittwoch „Greinenden", also Weinenden, Sünder oder Büßer, erstmals wieder am Gottesdienst teilnehmen. Dort wurde ihnen dann ihre Schuld vergeben. Im Gedenken an das letzte Abendmahl wurde seit dem späten Mittelalter Brot an die Armen verteilt. Die Kinder erhielten manchmal auch Honig- oder Lebkuchen.

Stumme Glocken

Von Gründonnerstag bis in die Osternacht schweigen alle Glocken der katholischen Kirche. Es heißt, sie wären nach Rom geflogen. Während dieser Zeit zogen früher die Jungen mit Ratschen und Klapperbrettern von Haus zu Haus. Dort erhielten sie Brot und Eier und luden zum Gottesdienst ein.

Besondere Eier

Den am Gründonnerstag gelegten Eiern wird eine besondere Kraft nachgesagt: Diese Eier können lange aufbewahrt werden, da sie angeblich nicht faulen. Sie schützen Haus und Hof vor Blitzschlag, und wenn sie in die vier Ecken des Feldes eingegraben werden, bewahren sie die Ernte vor Mäusen und Hagel.

Da während der Fastenzeit keine Eier gegessen werden durften, sammelte sich ein riesiger Berg von Eiern an. Weil es damals noch keine Kühltruhen gab, wurden die Eier, die man nicht selbst verwerten konnte, gekocht und dann verschenkt. Die jungen Mädchen reichten beispielsweise ihrem Liebsten eines oder mehrere Eier. Dabei spielte nicht nur die Anzahl der Eier, sondern auch deren Farbe eine große Rolle. Mit Grün drückten sie ihre Hoffnung aus, mit Gelb bezeugten sie ihre Eifersucht, mit Blau schworen sie Treue und mit Rot bekräftigten sie ihre Liebe. Schenkte ein Mädchen ihrem Freund sechs Eier, so wusste er, dass sie ihn gerne heiraten wollte.

Die Eier wurden nicht nur bunt bemalt, sondern auch reich mit Sprüchen, fantasievollen Mustern oder sogar kostbaren Juwelen verziert. Der Sonnenkönig, Ludwig XIV. von Frankreich, beglückte seine Geliebte mit einem Osterei, das so groß war, dass es von vier Pferden gezogen werden musste. Es bestand aus purer Schokolade und war aufs Feinste gefüllt.

Karfreitag

Warum stiller Freitag?

Am Karfreitag gedenken die Christen der Kreuzigung Jesu. Da dieser Tag als Fasten- und Trauertag begangen wird, ist jeder unnötige Lärm verpönt. Die Männer verrichteten keine schweren und lauten Arbeiten wie Zimmern und Schustern. Auch sollte kein Wirtshaus besucht werden. Pfeifen, Singen sowie Musizieren waren ebenfalls untersagt. Das Gericht durfte nicht tagen. Oftmals wurden Straftäter begnadigt und Gefangene freigelassen. Auch die Kinder sollten nicht zu laut spielen. Beim Ballspielen hatten sie darauf zu achten, dass sie die Bälle an diesem Tag nicht über Kreuz warfen. Da sowohl die Kirchenglocken als auch die Orgeln schweigen, wird der Karfreitag auch „Stiller Freitag" genannt.

Der Schlehdornstrauch

Pilatus, der damals römischer Statthalter war, verurteilte Jesus zum Tode.

Auf seinem Weg zur Kreuzigung wurde Jesus von vielen Menschen verhöhnt. Einige Schaulustige brachen die Zweige eines Schlehdornstrauches ab und wanden daraus einen Kranz. Den drückten sie Jesus auf den Kopf und riefen ihm zu: „Da hast du deine Krone, König der Juden." Die Dornen waren so spitz, dass sie tiefe Wunden rissen und Jesus zu bluten begann. Als der Schlehdornstrauch sah, was die Männer mit seinen Zweigen machten, erschrak er sehr. Er flüsterte: „Bitte verzeih mir, Herr", und im Stillen dachte er: „Lieber wäre ich nie erschaffen worden, als ihn mit meinen Dornen zu verletzen." Jesus, der die Worte des Schlehdornstrauches gehört hatte, antwortete ebenfalls in der Pflanzensprache: „Du kannst nichts dafür, du bist nur das Werkzeug, nicht die Hand, die es führt."

Aber der Schlehdorn ließ sich dadurch nicht trösten und seine Zweige wurden schwarz vor lauter Kummer. Jesus lächelte und berührte die Dornenkrone mit seinen Fingern. Da brachen alle Knospen des Schlehdornstrauches auf und die Blüten erstrahlten als Zeichen seiner Unschuld in Weiß.

Warum die Trauerweide so traurig ist

Einst war die Weide ein stolzer Baum, der seine Zweige hoch in den Himmel reckte. Nun geschah es, dass Jesus auf seinem Weg zur Kreuzigung an dieser Weide vorbeikam. Den Aufpassern ging der mit einem schweren Kreuz beladene Jesus zu langsam. Da versuchten sie der Weide einige junge Zweige abzureißen, um ihn damit anzutreiben.

Zunächst sträubte sich die Weide heftig, als sie jedoch merkte, dass die Männer nicht lockerließen, dachte sie: „Wenn ich einen Zweig hergebe, werden sie mich vielleicht in Ruhe lassen." Aber die Männer gaben nicht nach und rissen ihr die schönsten Zweige ab. Vor Schmerz beugte sich die stolze Weide tief hinab. Die Männer banden die Zweige zu Ruten zusammen und schlugen damit auf den wehrlosen Jesus ein. Als die Weide dies sah, schämte sie sich so sehr, dass sie ihre Zweige und Blätter auf ewig hängen ließ und niemals mehr aufrichtete.

Karsamstag

Osterfeuer

Am Karsamstag wird meist vor der Kirche ein Feuer aus einem Stein entfacht. Die sprühenden Funken symbolisieren die Auferstehung Jesu aus dem steinernen Grab. An dem Feuer zündet der Priester die Osterkerze an und trägt sie in die dunkle Kirche hinein. Jeder Kirchenbesucher lässt nun seine mitgebrachten Speisen weihen und geht mit seinem an der Osterkerze entzündeten Osterlicht durch die dunkle Nacht nach Hause.

Das Osterfeuer regt aber auch zu vielen Wünschen und Hoffnungen an. Liebespaare springen Hand in Hand über das Feuer im Glauben, dass dieser mutige Sprung ihnen ein langes gemeinsames Leben beschert. Junge Bauern, die diesen Sprung ebenfalls wagen, hoffen dabei auf eine reiche Ernte.

Aber oh weh! Wenn jemand dabei stürzt, dann sagt man ihm noch im gleichen Jahr ein großes Unglück voraus. Abwenden lässt sich das Unheil nicht, aber abmildern, indem man sein Gesicht etwas mit der Asche des Osterfeuers schwärzt.

Osterwasser

Auch dem Osterwasser sagt man eine ganz besondere Kraft nach: Heimlich machen sich die jungen Mädchen in der sternklaren Osternacht zu einem Bach oder Fluss auf. Wenn sie sich dort mit dem Wasser waschen, sollen sie nicht nur viel schöner werden, sondern auch das ganze Jahr über gesund bleiben.
Sehr glücklich kann sich das Mädchen schätzen, das in dem Gewässer nicht nur den Sternenhimmel, sondern auch das Gesicht ihres Liebsten gesehen hat. Die Hochzeit ist dann nicht mehr fern.
Jedoch gehen die Wünsche nur dann in Erfüllung, wenn die Mädchen auf dem Hin- und Rückweg keinen Laut von sich geben. Einige Jungen lauern den Mädchen auf und versuchen sie durch Neckereien zum Lachen zu bringen. Gelingt ihnen dies, wird der ganze Zauber unwirksam und das Wasser verwandelt sich in ein ganz gewöhnliches Plauder- oder Quellwasser zurück.

Eierboten

Die Eier sind für die Kinder die Hauptattraktion an Ostern. Dabei ist es vielleicht gar nicht so wichtig, wer sie bringt. Denn nicht immer war dies der Osterhase. So überraschte in Schleswig-Holstein der Osterhahn, in Thüringen der Osterstorch, in Sachsen der Osterfuchs und in der Schweiz der Kuckuck die Kinder mit bunten Eiern.

Ostersonntag

Osterfest

In manchen Gegenden gingen die Menschen kurz nach Mitternacht auf einen Berg oder an den Meeresstrand, um dort, am Tag der Auferstehung, die aufgehende Sonne dreimal vor Freude springen zu sehen. Wieder zu Hause werden die zuvor geweihten Speisen auf dem Ostertisch ausgebreitet. Dazu gehören Salz als Symbol des Lebens, Meerrettich als Vertreter der Pflanzen, etwas Schinken, der für die tierische Nahrung steht, sowie Brot und Osterfladen. Nach dem Osterfrühstück beginnt die Suche nach den versteckten Ostereiern.

Das Osterfest lässt man am Ostermontag mit einem ausgedehnten Spaziergang ausklingen.

Wann ist Ostern?

Ostern ist ein vom Mondwechsel abhängiges Fest, das immer an einem Sonntag zwischen dem 22. März und 25. April stattfindet. Im Jahre 325 wurde am Kirchenkonzil von Nicäa der Frühlingsanfang auf den 21. März, die Tagundnachtgleiche, festgesetzt. An ihm sind Tag und Nacht gleich lang. Daher ist am Sonntag nach dem ersten Frühlingsvollmond Ostern.

Ostara

Vor langer Zeit, als die Germanen noch an Götter glaubten, feierten sie im Frühling ein Fest zu Ehren der Ostara. So wurde die Göttin des aufsteigenden Lichts genannt. Begleitet wurde sie von kleinen Elfen, Hasen und manchmal auch von einem Storch – alles Sinnbilder für die Fruchtbarkeit. Das Wort Ostern lehnt sich jedoch nicht an den Namen der Göttin an, sondern entwickelte sich aus dem althochdeutschen Wort „ìstarun“, was so viel wie „Morgenröte“ bedeutet.

Das Oster-ABC

Alle Vögel
singen schon,
Blumen blühn
im Garten,
Crocus,
Veilchen,
Anemon,
Die verschämten,
zarten.
Eine Amsel
schwatzt vom
Mai,
Ferne blasen
Hörner,
Glocken läuten
nahebei,
Hühnchen
suchen Körner.
Ida flicht
sich einen
Kranz,
Jakob neckt ein
Zicklein,
Küsters Frieda
träumt vom Tanz,
Ludwig macht
sich piekfein.
Mutter Margaretha
fährt
Nobel zur
Kapelle.
Ottokar,
der Mops,
verzehrt
Plätzchen auf
der Schwelle.
Quicklebendig
wird´s im
Haus:
Ruth und
Xaver Meier
suchen fleißig
drin und drauß
Taubenblaue
Eier.
Unterm Bett,
in Uhr
und Hut,
Vase, Topf
und Lade
wühlen sie.
Da findet Ruth
Xavers
Schokolade.
Ypsilon, ist
das nicht nett?
Zett!

James Krüss

Frühlingsmotive

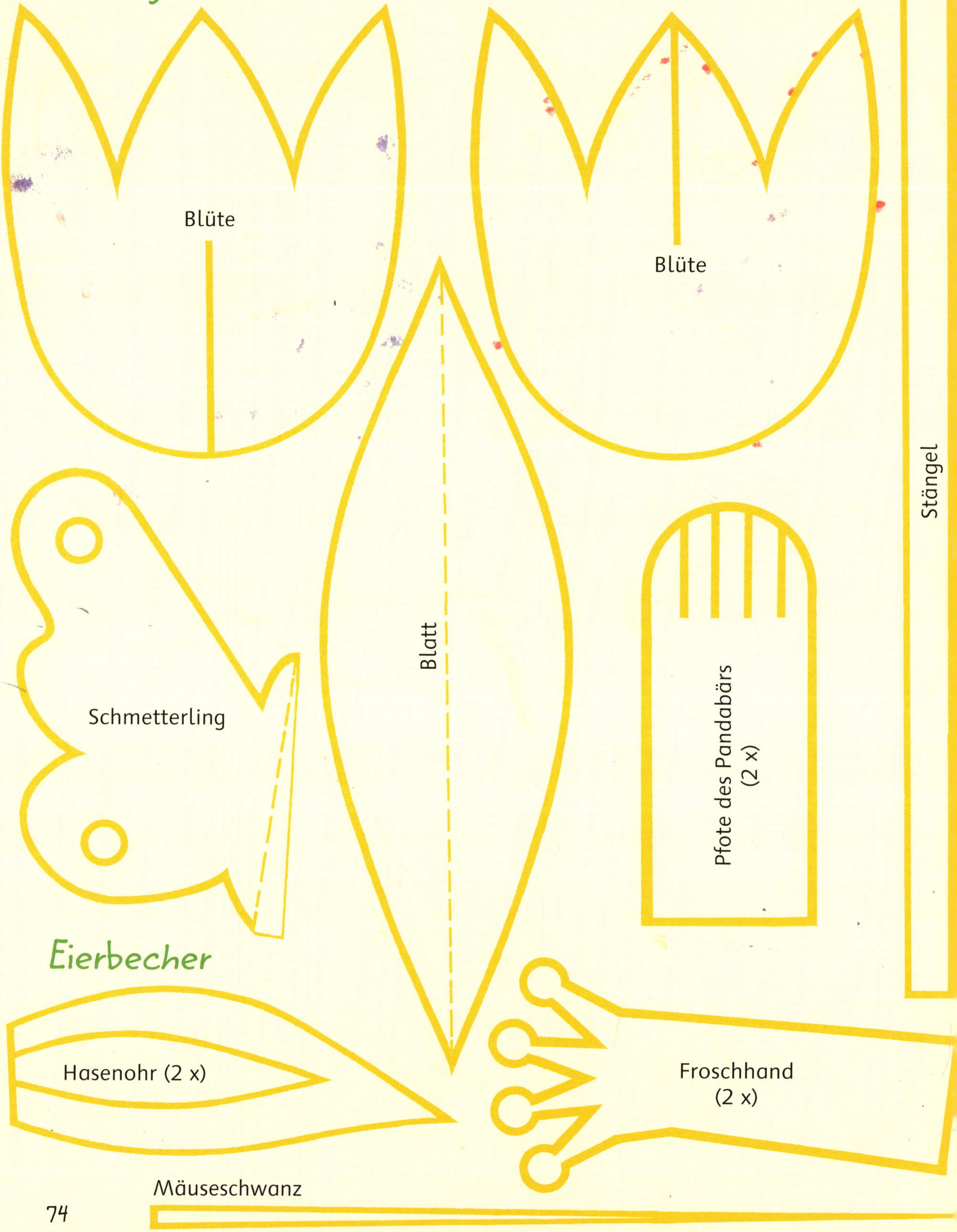

Eierbecher

Eierbecher

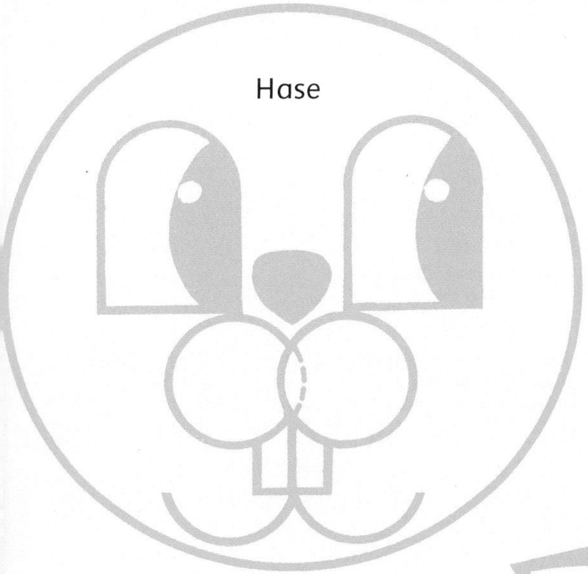
Hase

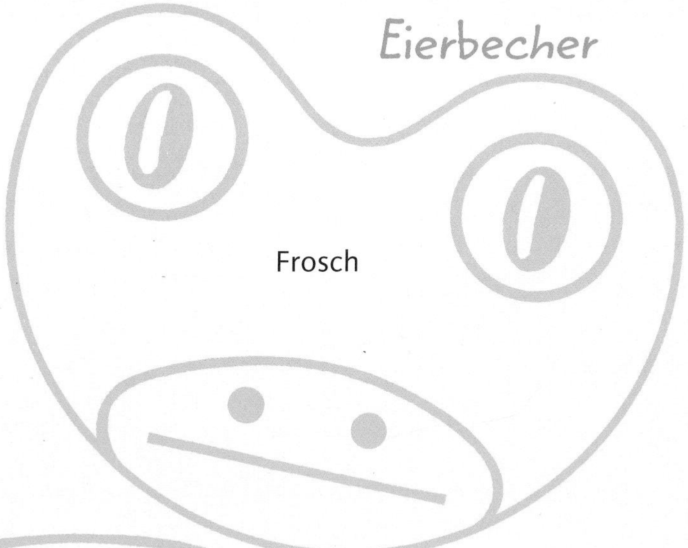
Frosch

Schwein

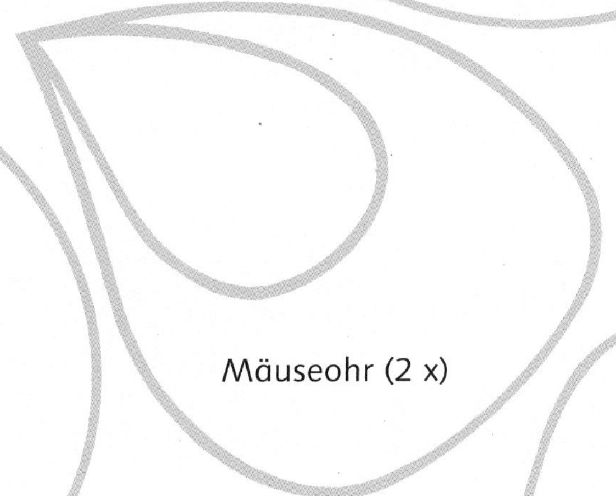
Mäuseohr (2 x)

Ohr des Schweins
(2 x)

Ohr des
Pandabärs
(2 x)

Maus

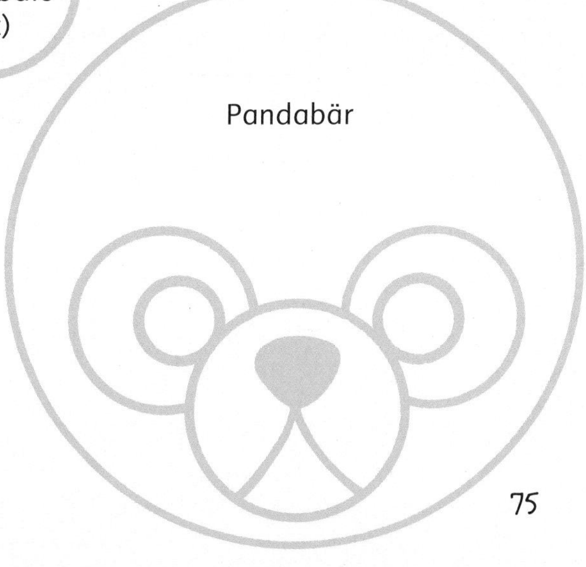
Pandabär

Fenstergirlande

Zootiere

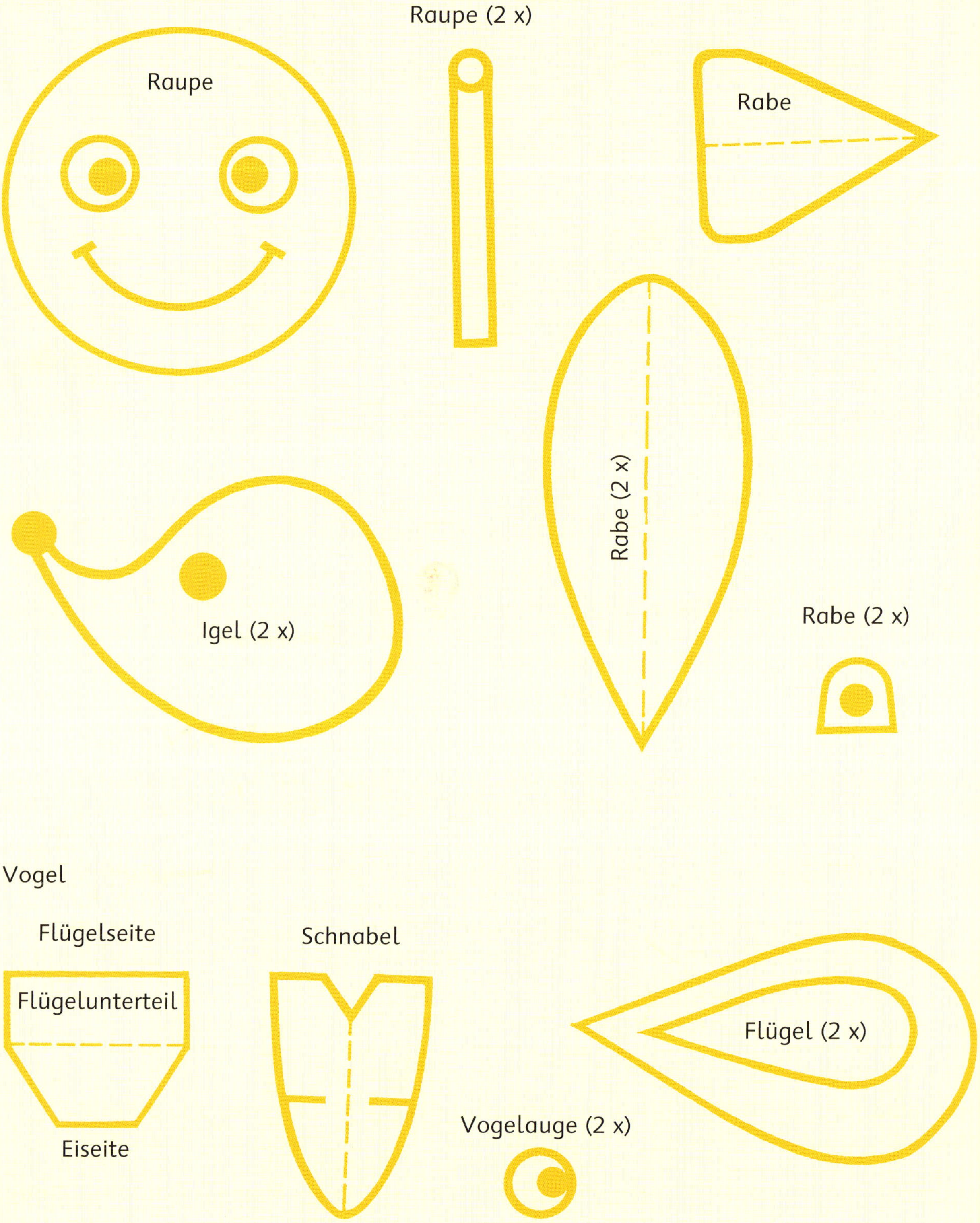

Raupe (2 x)
Raupe
Rabe
Rabe (2 x)
Igel (2 x)
Rabe (2 x)
Vogel
Flügelseite
Flügelunterteil
Eiseite
Schnabel
Flügel (2 x)
Vogelauge (2 x)

Löwe

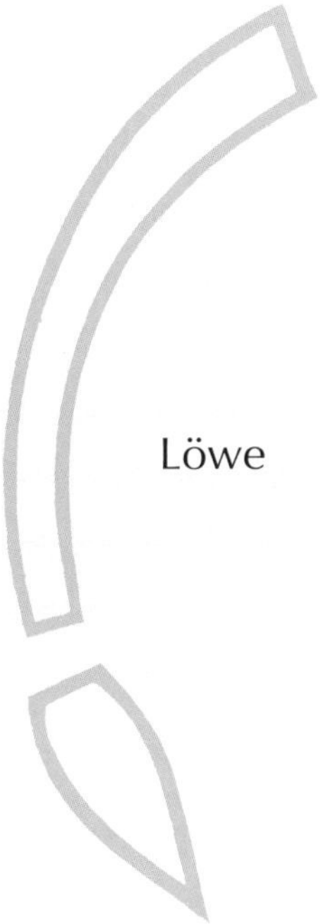
Löwe

Schildkröte

Krokodil

Krokodil

Register

Besondere Eier 67
Blumennester 40

Das Oster-ABC 73
Der kleine Osterhase 49
Der Osterhase 51
Der Schlehdornstrauch 68

Eier in Naturfarben 24
Eierboten 71
Eierbutzen 52
Eierdorf 28
Eierlauf 52
Eierschalenmosaik 42

Fenstergirlande 14
Fingerspiel 50
Frühlingsmotive 8

Gebildebrot und Kreuzbrot 58

Heuhase mit Kiepe 34

Keksküken 62
Königliche Eier 61
Kräuter und Ostergras 20
Kräutergestecke 22
Kräuteromelett 56
Kräutersuppe 57

Lichter setzen 53

Münzen werfen 52

Nester aus der Natur 38

Ostara 72
Osterbaum 32
Ostercollage 44
Osterfenster 12
Osterfest 72
Osterfeuer 70
Ostergrußkarten 6
Osterhasen 59
Osterreime und -gedichte 54
Ostersprüche 46
Osterstecken 16
Ostertorte 60
Osterwasser 71

Palmbuschen 65
Palmkätzchenpusten 48
Pellkartoffeln mit grüner Soße 56

Schmucke Kerzen 30
Stumme Glocken 66

Tierische Eierbecher 36

Vase und Rieseneier 10
Vasen aus Eierschalen 26

Wann ist Ostern? 72
Warum die Trauerweide
so traurig ist 69
Warum Gründonnerstag? 66
Warum stiller Freitag? 68
Was steckt dahinter? 48
Wer wird Palmesel? 65
Wieso Palmsonntag? 64

Zielscheibe 53
Zootiere 18